Impressum
Verlag: BABADADA GmbH, Nedderfeld 112 , 22529 Hamburg
Geschäftsführer / Verlagsleitung: Harald Hof
Druck: Books on Demand GmbH, In de Tarpen 42, 22848 Norderstedt

Imprint
Publisher: BABADADA GmbH, Nedderfeld 112 , 22529 Hamburg, Germany
Managing Director / Publishing direction: Harald Hof
Print: Books on Demand GmbH, In de Tarpen 42, 22848 Norderstedt, Germany

siklyovimasko than
классная комната

ulavibe vordon
делить

186/2

tabla
доска

školaki avlin
школьный двор

sikavno
учитель

lil
бумага

hramovibe
писать

kalemi tintasa
ручка

nasa butyake
письменный стол

lenyiri
линейка

lil
книга

siklo
ученик

dumeski tašna

ранец

kalemengi kutia

пенал

kalemi

карандаш

kalemengi čhurori

точилка

kosimaski guma

ластик

čitrimasko bloko

альбом для рисования

čitribe

рисунок

boyimaski frča

кисточка

boyimaski kutia

коробка красок

kata

ножницы

lepako

клей

bukjardarimasko lil

тетрадь

khereski buti

домашняя работа

gendo

цифра

džide

прибавлять

ikal

вычитать

multiplicirin

умножать

kalkulirin

считать

hramome lil

буква

alfabeta

алфавит

lafo

слово

teksti

текст

drabaribe

читать

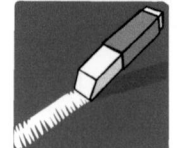

kreda

мел

lekciya

урок

Klasesko registro

классный журнал

egzameni

экзамен

sertifikato

диплом

školaki uniforma

школьная форма

edukacia

образование

enciklopedia

энциклопедия

univerziteto

университет

mikroskopo

микроскоп

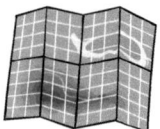

mapa

карта

korpa čhudimaske lila

корзина для бумаг

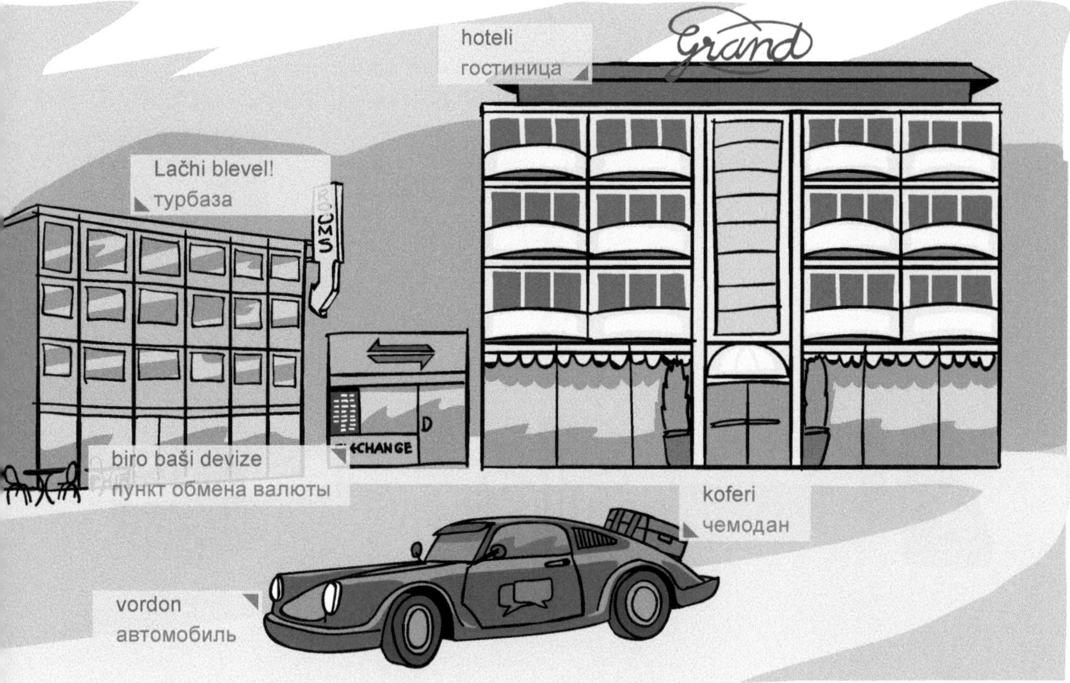
hoteli
гостиница
Grand
Lačhi blevel!
турбаза
ROOMS
EXCHANGE
biro baši devize
пункт обмена валюты
koferi
чемодан
vordon
автомобиль

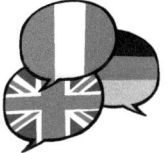

ćhib

язык

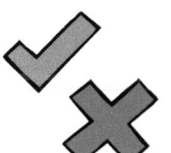

va / na

да / нет

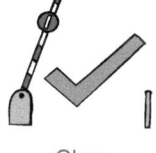

Okay

хорошо

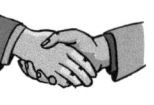

Namaste

Привет

tumači

переводчик

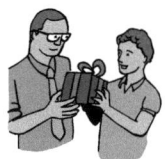

Ov sasto

Спасибо

Kozom si...?

Сколько стоит…?

Na havava

Я не понимаю

problemo

проблема

Lačhi rat!

Добрый вечер!

Lačhi javin!

Доброе утро!

Lačhi rat!

Доброй ночи!

ačhon Devlesa

До свидания

dromeski sikavin

направление

bagaži

багаж

gono

сумка

dumesko gono

рюкзак

misafiri

гость

kamara

комната

sovimasko gono

спальный мешок

cerha

палатка

turistikani informacia

туристическая информация

plaža

пляж

kreditno kartica

кредитная карточка

javinako habe

завтрак

kušluko

обед

ratyako habe

ужин

karta

билет

elevatori

лифт

marka

почтовая марка

simantra

граница

adetia

таможня

ambasada

посольство

viza

виза

pašaporti

паспорт

transporti

транспорт

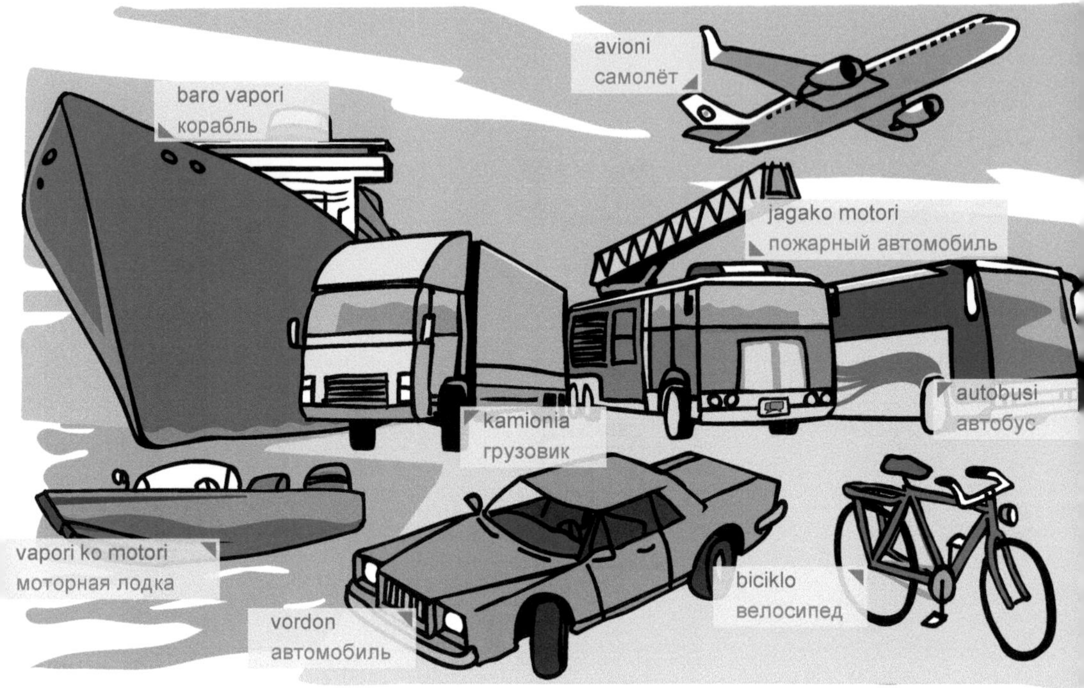
avioni
самолёт
baro vapori
корабль
jagako motori
пожарный автомобиль
autobusi
автобус
kamionia
грузовик
vapori ko motori
моторная лодка
biciklo
велосипед
vordon
автомобиль

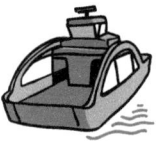

feri vapori

паром

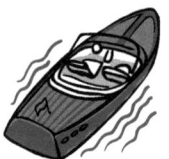

vapori

лодка

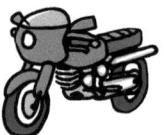

motorciklo

мотоцикл

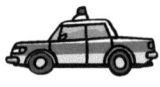

policiako vordon

полицейский автомобиль

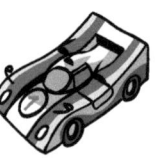

prastamasko vordon

гоночный автомобиль

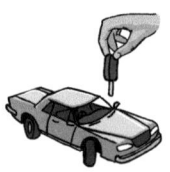

rentakar

арендованный автомобиль

ulavibe vordon

совместное пользование
автомобилями

rumosardo kamioni

буксировочный
автомобиль

kamionengo than

мусоровоз

motori

двигатель

petroli

топливо

petrolesko stasioni

заправка

trafikoskere išaretia

дорожный знак

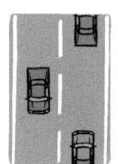

trafiko

движение

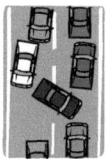

baro trafiko

пробка

**vordonesko parkirimasko
than**

автостоянка

pampurengo stasioni

вокзал

kamionia

рельсы

pampuri

поезд

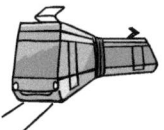

tramvaj

трамвай

vagoni

вагон

helikopteri

вертолёт

aeroporti

аэропорт

kula

вышка

dromarutno

пассажир

kontejneri

контейнер

kartoni

коробка

vordonoro

тележка

sevli

корзина

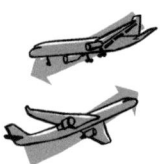

urjalipasko starto /
urjalipasko agor

взлетать / приземляться

diz

город

gav

деревня

dizyako centro

центр города

kher

дом

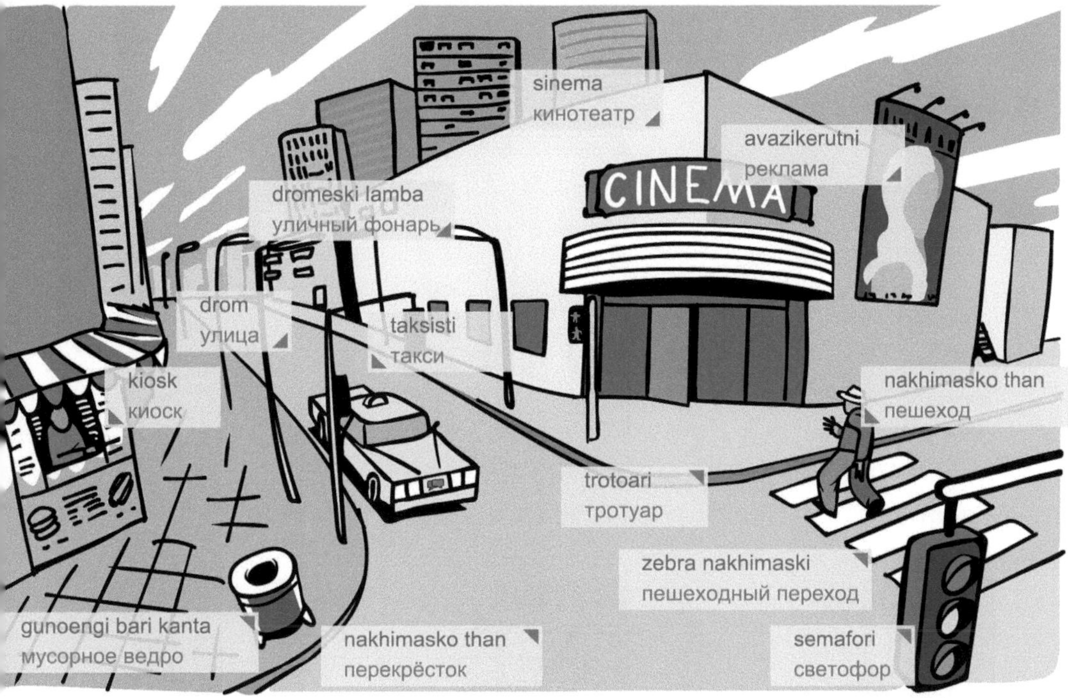
sinema
кинотеатр
CINEMA
avazikerutni
реклама
dromeski lamba
уличный фонарь
drom
улица
taksisti
такси
kiosk
киоск
nakhimasko than
пешеход
trotoari
тротуар
zebra nakhimaski
пешеходный переход
gunoengi bari kanta
мусорное ведро
nakhimasko than
перекрёсток
semafori
светофор

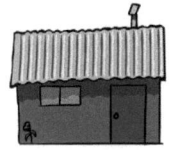

koliba

хижина

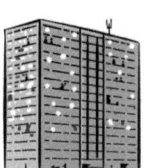

apartmani

квартира

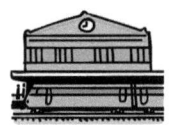

pampurengo stasioni

вокзал

dizyaki sala

ратуша

MUSEUM

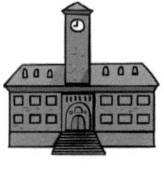

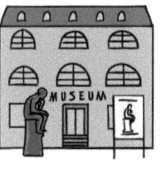

muzeji

музей

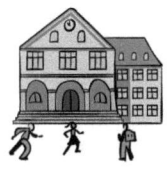

škola

школа

univerziteto

университет

banka

банк

hospitalo

больница

hoteli

гостиница

apoteka

аптека

ofiso

офис

lil bikinimasko than

книжный магазин

dukyano

магазин

lulugengo bikinutno

цветочный магазин

supermarket

супермаркет

kurko

рынок

baro bikinimasko kher

универмаг

mačhengo astarutno

торговец рыбой

kinimasko centro

торговый центр

vaporengo ačhovimasko than

порт

parko

парк

klupa

скамейка

purt

мост

merdevenya

лестница

metro stasioni

метро

tuneli

тоннель

autobuseski adžikerin

автобусная остановка

bar

бар

restorani

ресторан

poštako mohto

почтовый ящик

dromesko išareti

табличка с названием улицы

parking than

паркометр

zoo

зоопарк

nangyovimasko bazeni

бассейн

džamiya

мечеть

farma

ферма

melalipe

загрязнение окружающей среды

limorengo than

кладбище

khangeri

церковь

khelimasko than

детская площадка

hramo

храм

pejzaži
ландшафт

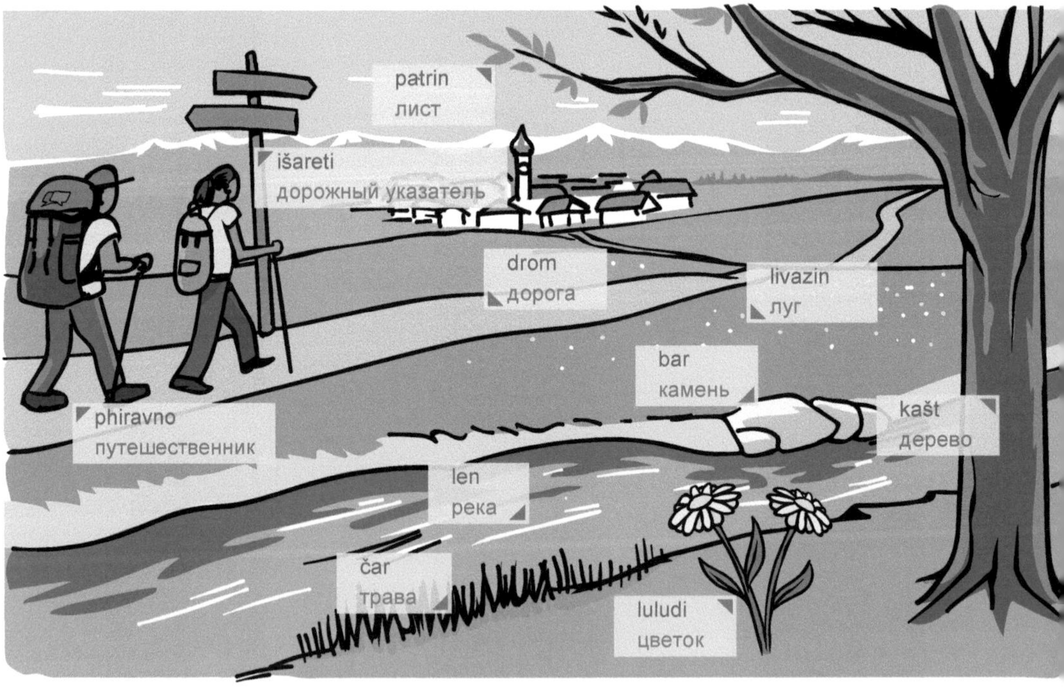

patrin
лист

išareti
дорожный указатель

drom
дорога

livazin
луг

bar
камень

kašt
дерево

phiravno
путешественник

len
река

čar
трава

luludi
цветок

harno than

долина

bairi

гора

devrijal

озеро

veš

лес

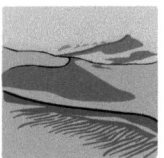

mulano than

пустыня

vulkano

вулкан

saraji

замок

renkali badalin

радуга

gaba

гриб

palma kašt

пальма

sivrija

комар

mak

муха

karandža

муравей

birumni

пчела

pauko

паук

buba

жук

žamba

лягушка

ververica

белка

kanzauri

еж

šošoj

заяц

buf

сова

pakšin

птица

lebedi

лебедь

bali

кабан

eleno

олень

eleno

лось

pani garavin

плотина

bavlalaki turbina

ветряной генератор

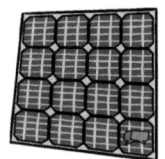

solarno paneli

солнечная батарея

klima

климат

restorani

ресторан

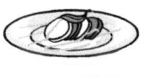

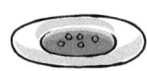

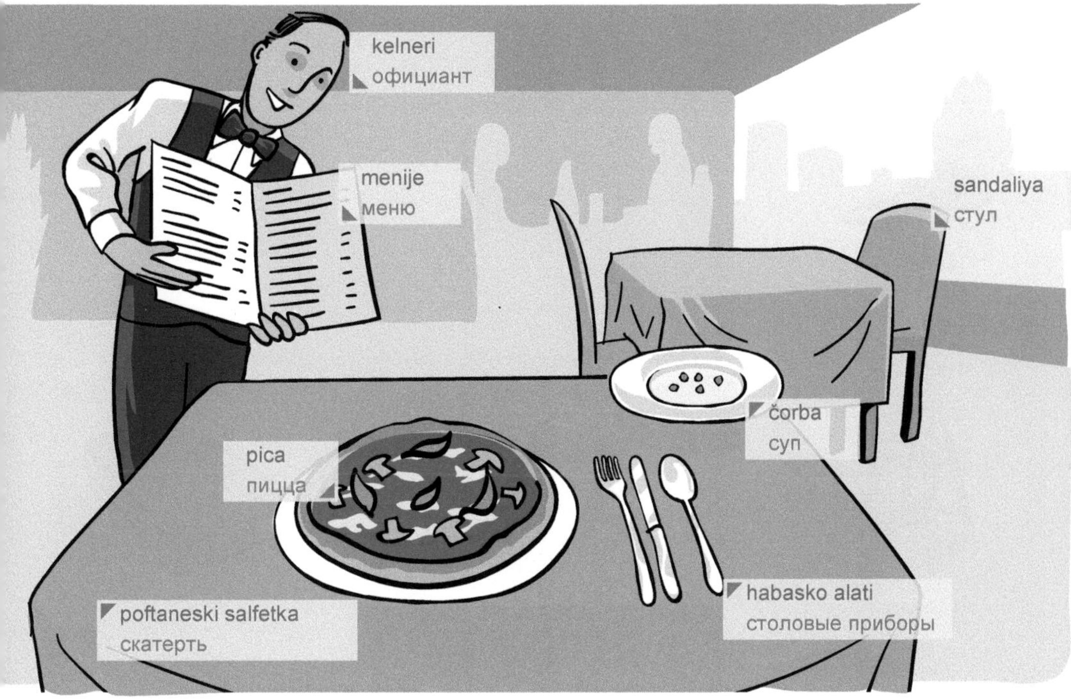
kelneri
официант
menije
меню
sandaliya
стул
čorba
суп
pica
пицца
poftaneski salfetka
скатерть
habasko alati
столовые приборы

avgo habe

закуска

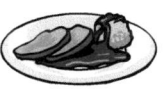

šerutno habe

главное блюдо

gudlimata

десерт

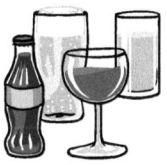

piiba

напитки

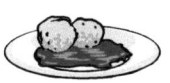

habe

еда

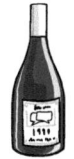

šiša

бутылка

fast food

фастфуд

sokakongo habe

уличная еда

čajniko

чайник

šekereskoro čaroro

сахарница

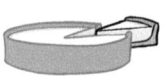

porcia

порция

makina vaš espresso

кофеварка

uči sandaliya

детский стульчик

esapi

счет

apladiya

поднос

čhuri

нож

vilyuška

вилка

roj

ложка

čajeski roj

чайная ложка

salfetka

салфетка

tahtai

стакан

čaro

тарелка

čaro čorbake

суповая тарелка

hor čaro

блюдце

sosi

соус

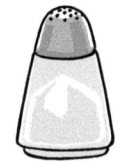

londesko čaroro

солонка

kale biberesko pišlo

мельница для перца

šut

уксус

zejtini

масло

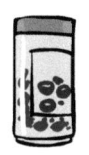

začinia

специи

kečap

кетчуп

senf

горчица

majonezi

майонез

specialno oferta
специальное предложение

mušteriya
покупатель

thudeske butya
молочные продукты

emiši
фрукты

vordonoro
тележка для покупок

FOR

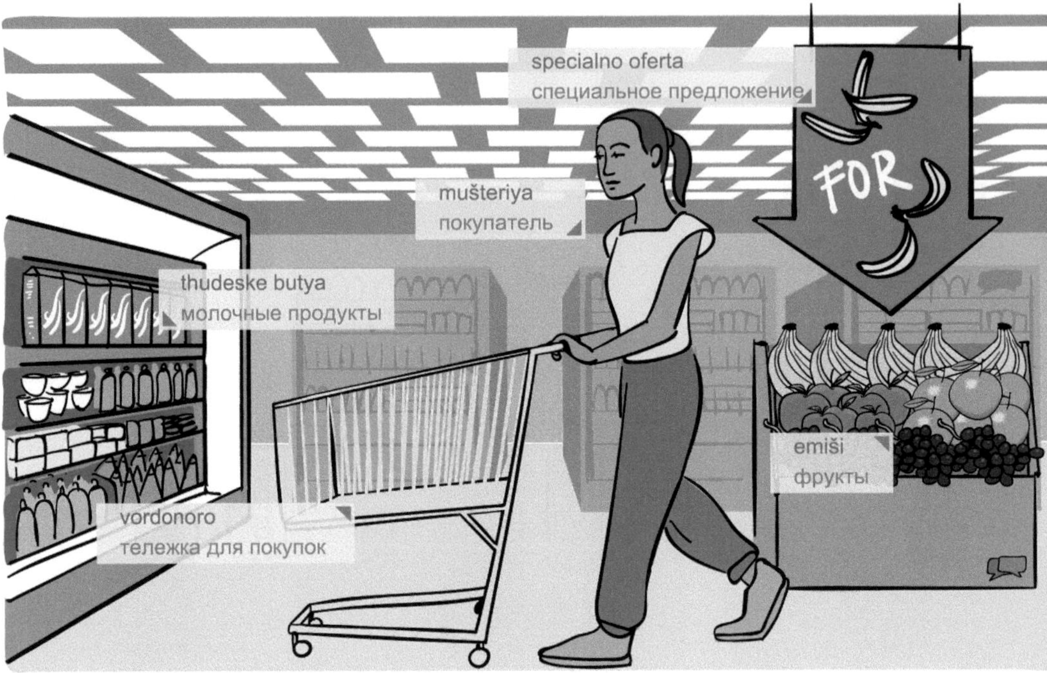

kasapi

мясной магазин

furuna

пекарня

ladavipe

взвешивать

zarzavati

овощи

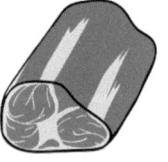

masesko rolati

мясо

pahome habe

быстрозамороженные
продукты

šudro mas

нарезка

konzerva

консервы

thovimasko prašako

стиральный порошок

gudlimata

сладости

khereske butya

предмет домашнего обихода

užarimaske butya

моющее средство

bikinutno

продавщица

kasapi

касса

kasieri

кассир

kinimaski patrin

список покупок

putarimaske satura

время работы

lovengi tašna

бумажник

kreditno kartica

кредитная карточка

gono

сумка

plastikano gono

полиэтиленовый пакет

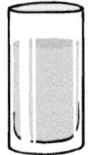

pani

вода

džus

сок

thud

молоко

kola

кока-кола

mol

вино

bira

пиво

alkohol

алкоголь

kakao

какао

čaj

чай

kafa

кофе

espresso

эспрессо

cappuccino

капучино

banana

банан

phabaj

яблоко

portokali

апельсин

kavuni

арбуз

limoni

лимон

karota

морковь

sir

чеснок

bambusi

бамбук

purum

лук

gaba

гриб

akhora

орехи

humereske butya

лапша

špageti

спагетти

rezo

рис

salata

салат

čipsi

картофель фри

peke kompiria

жареный картофель

pica

пицца

hamburger

гамбургер

sendviči

сэндвич

kotleti

шницель

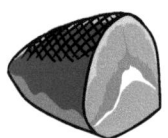

žamboni

ветчина

salama

салями

goja

колбаса

khajnako mas

курица

peko

жаркое

mačho

рыба

popara

овсяные хлопья

musli

мюсли

kornfleks

кукурузные хлопья

varo

мука

kroasani

круассан

masesko rolati

булочка

maro

хлеб

tosti

тост

biskotia

печенье

puteri

масло

urda

творог

torta

пирог

jaro

яйцо

peke jare

яичница

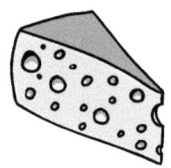

kiral

сыр

šudro gudlo

мороженое

šekeri

сахар

avgin

мёд

džem

мармелад

čokoladaki krema

крем с нугой

kari

карри

farma

ферма

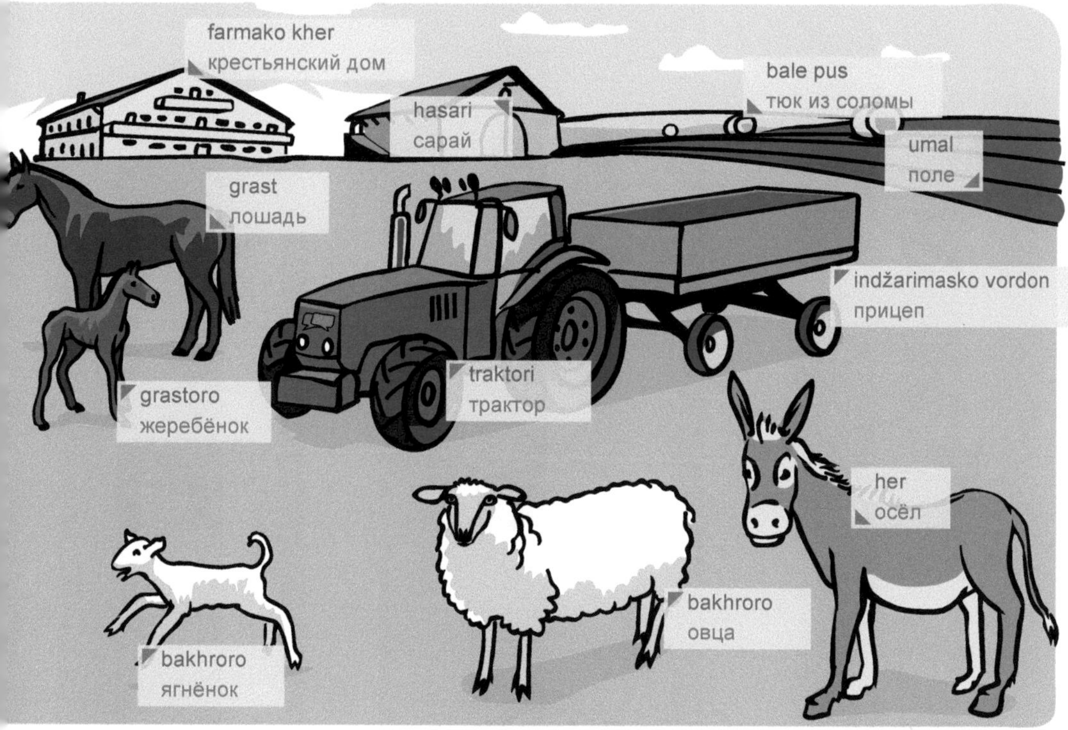
farmako kher
крестьянский дом
hasari
сарай
bale pus
тюк из соломы
umal
поле
grast
лошадь
indžarimasko vordon
прицеп
traktori
трактор
grastoro
жеребёнок
her
осёл
bakhroro
овца
bakhroro
ягнёнок

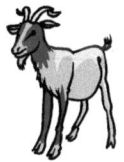

buzno

козa

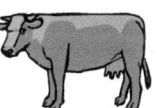

guruvni

корова

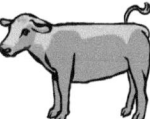

guruvoro

телёнок

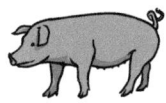

balo

свинья

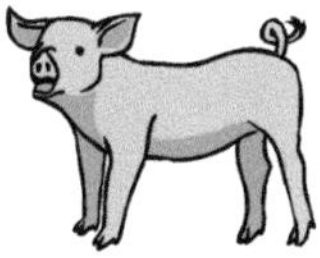

baloro

поросёнок

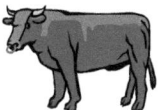

guruv

бык

papin

гусь

payka

утка

pilička

цыплёнок

khayni

курица

bašno

петух

baro germuso

крыса

bilika

кошка

germuso

мышь

guruv

вол

džukel

собака

džukelesko kher

конура

žardina

садовый шланг

panyarimaski kanta

лейка

aindžako kidimasko alati

коса

plugo

плуг

srpo

серп

motika

мотыга

aindžaki vilyuška

навозные вилы

tover

топор

vordonoro phiravutno

тачка

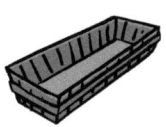

balani

корыто

thudeski šiša

бидон для молока

harari

мешок

trujalutni

забор

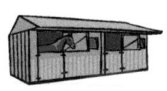

jahri

хлев

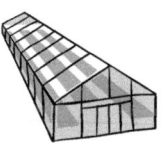

haryalo kher

теплица

phuv

почва

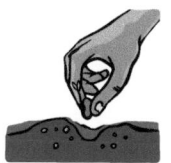

seme

посев

gyubre

удобрение

aindžako kidipe

комбайн

farma - ферма

kidibe aindž

собирать урожай

harmani

урожай

phuvaki phabaj

ямс

giv

пшеница

soja

соя

kompiri

картофель

mumuruzi

кукуруза

šarlagani

рапс

emišengo kašt

фруктовое дерево

Kasava

маниок

giveskere javinlukoja

злаки

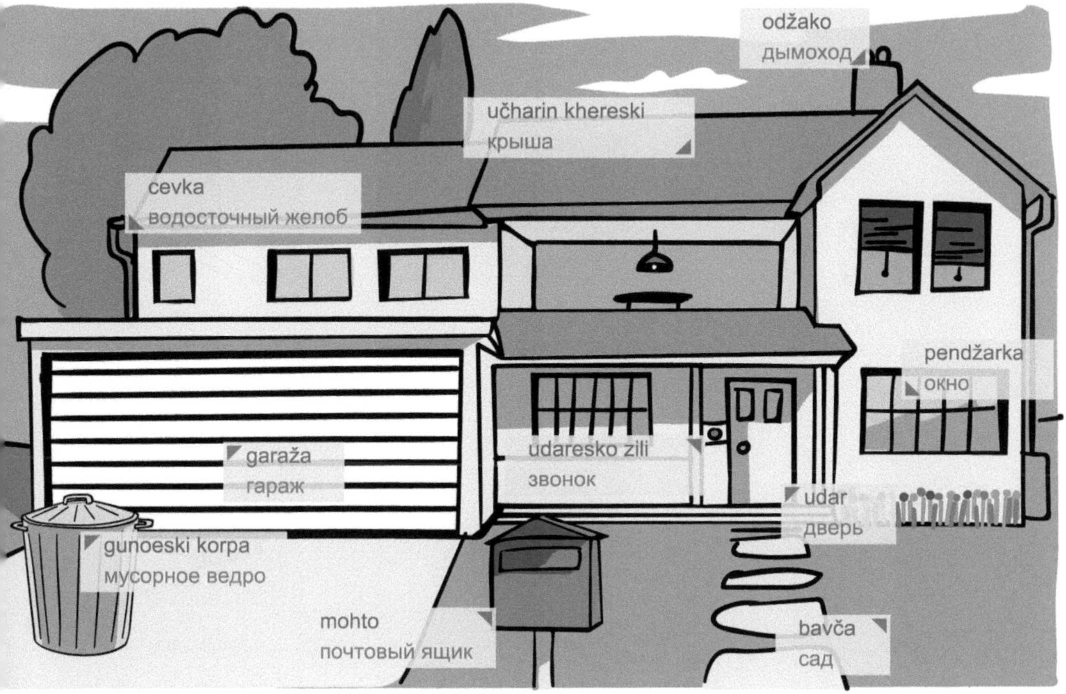

odžako
дымоход

učharin khereski
крыша

cevka
водосточный желоб

pendžarka
окно

garaža
гараж

udaresko zili
звонок

udar
дверь

gunoeski korpa
мусорное ведро

mohto
почтовый ящик

bavča
сад

bešimaski kamara

гостиная

banya

ванная комната

kujna

кухня

sovimasko than

спальня

čhavengi kamara

детская комната

than hajbaske rakjako habe

столовая

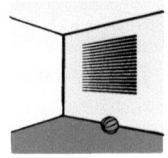

kati

пол

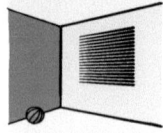

duvari

стена

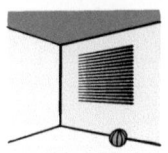

tavano

потолок

špajzi

подвал

sauna

сауна

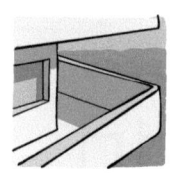

terasa

балкон

terasa

терраса

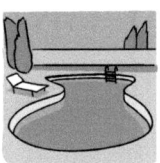

bazeni

бассейн

čar harnyarimaski makina

газонокосилка

patrin

пододеяльник

čaršafia

покрывало

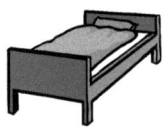

kreveto

кровать

šulavni

метла

korpa

ведро

elektrikani phabarin

выключатель

bešimaski kamara

гостиная

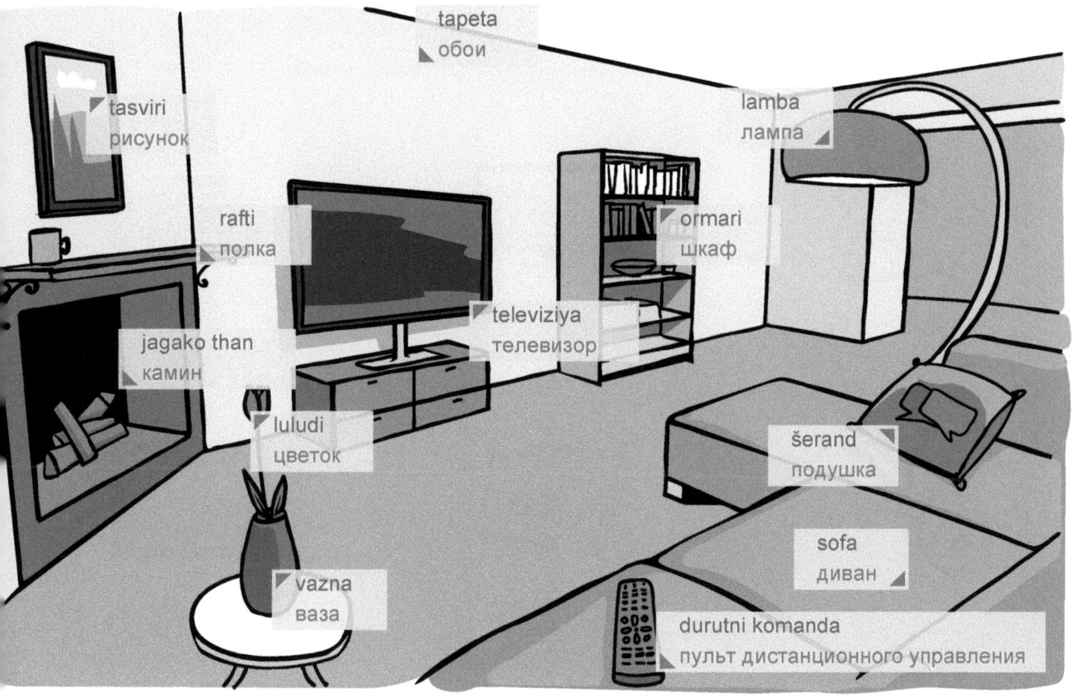
tapeta
обои
tasviri
рисунок
lamba
лампа
rafti
полка
ormari
шкаф
televiziya
телевизор
jagako than
камин
luludi
цветок
šerand
подушка
sofa
диван
vazna
ваза
durutni komanda
пульт дистанционного управления

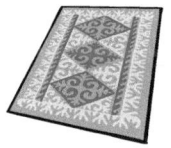

kilimi

ковёр

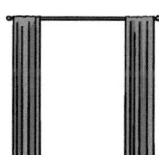

perde

штора

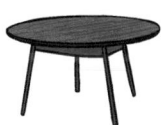

masa

стол

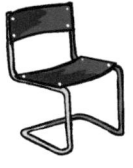

sandaliya

стул

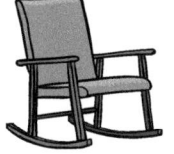

kunajka sandaliya

кресло-качалка

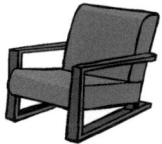

fotelya

кресло

lil

книга

kebe

покрывало

dekoraciya

украшение

kašta phabarimaske

дрова

filmi

фильм

stereo ašunimaske butya

стереосистема

nahtari

ключ

gazeta

газета

frčaja bojakeribe

картина

posteri

плакат

radio

радио

hramovimasko bloko

блокнот

elektrikani šulavni

пылесос

kaktusi

кактус

momoli

свеча

kujna
кухня

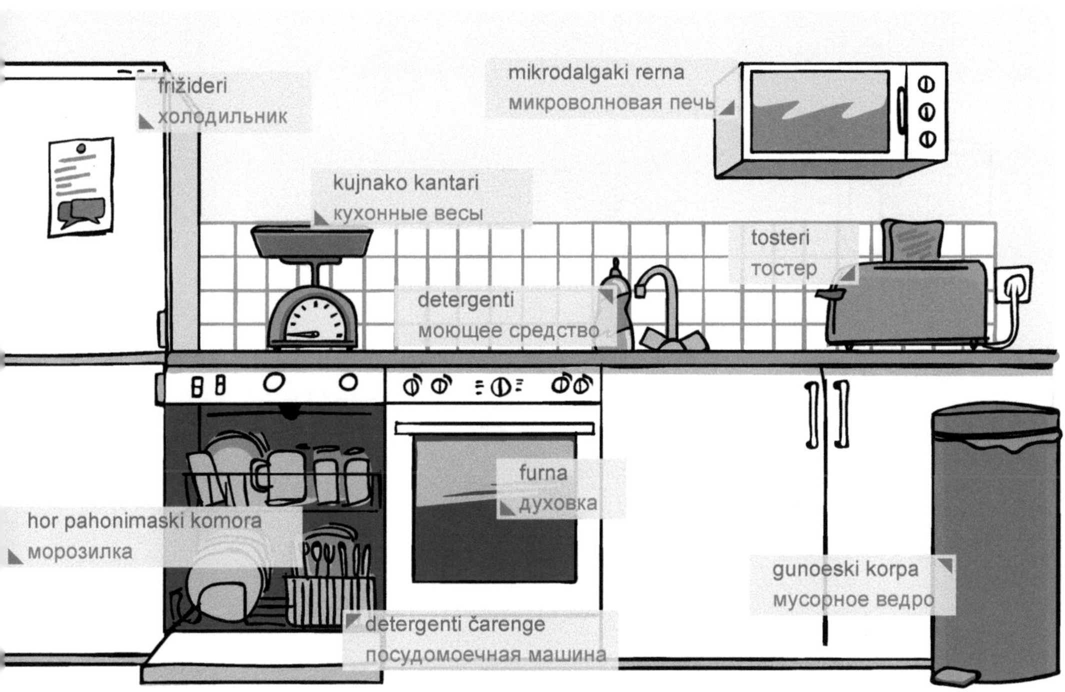

frižideri
холодильник
mikrodalgaki rerna
микроволновая печь
kujnako kantari
кухонные весы
tosteri
тостер
detergenti
моющее средство
furna
духовка
hor pahonimaski komora
морозилка
gunoeski korpa
мусорное ведро
detergenti čarenge
посудомоечная машина

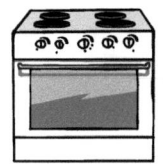

keravimasko than
плита

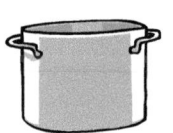

čaro
кастрюля

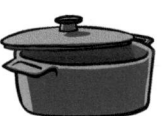

sastrnali tendžera
чугунный котелок

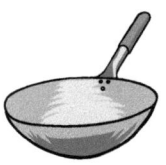

vok cihani
вок / кадай

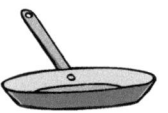

tava
сковорода

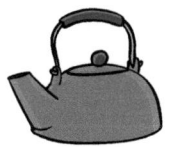

elektrikano bokali
чайник

tendžera ki para

пароварка

tepsija

противень

čare

посуда

bareder fildžano

кружка

čaro

миска

kinakere habaskere kaštore

палочки для еды

fioka

половник

špatula

лопатка

vastesko mikseri

сбивалка

cedimasko čaro

сито

porizen

сито

rende

тёрка

avano

ступка

skara

гриль

puteribe jag

костёр

čhinimaski tabla

доска

oklagia

скалка

puterimasko alati

штопор

konzerva

жестяная банка

konzervako puterutno

консервный нож

čaresko ikerutno

прихватка

lavabo

раковина

frča

щетка

sungeri

губка

mikseri

миксер

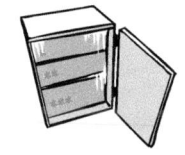

hor pahonimasko frižideri

морозильная камера

bebeski šiša

бутылочка для кормления

češma

кран

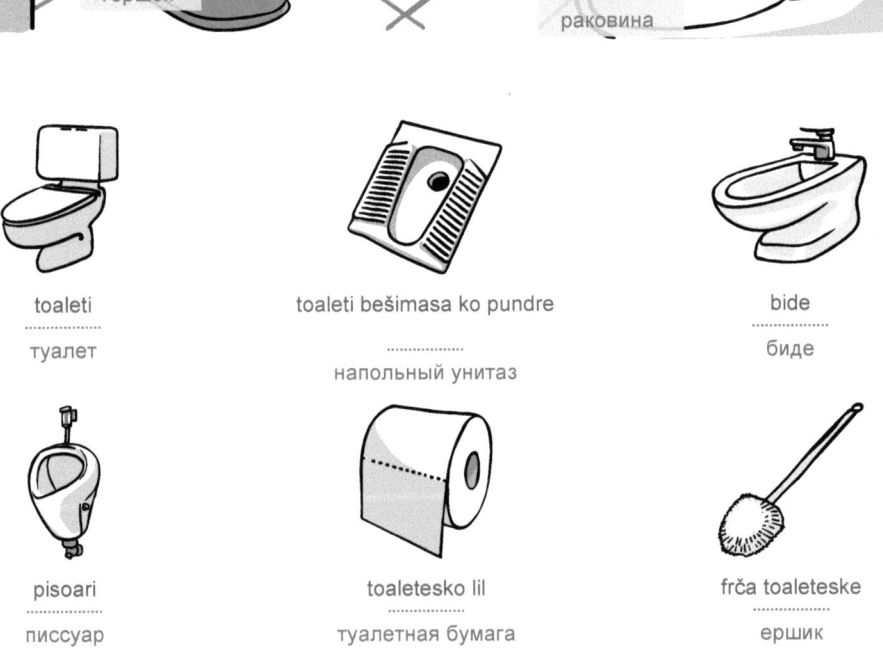

banya

ванная комната

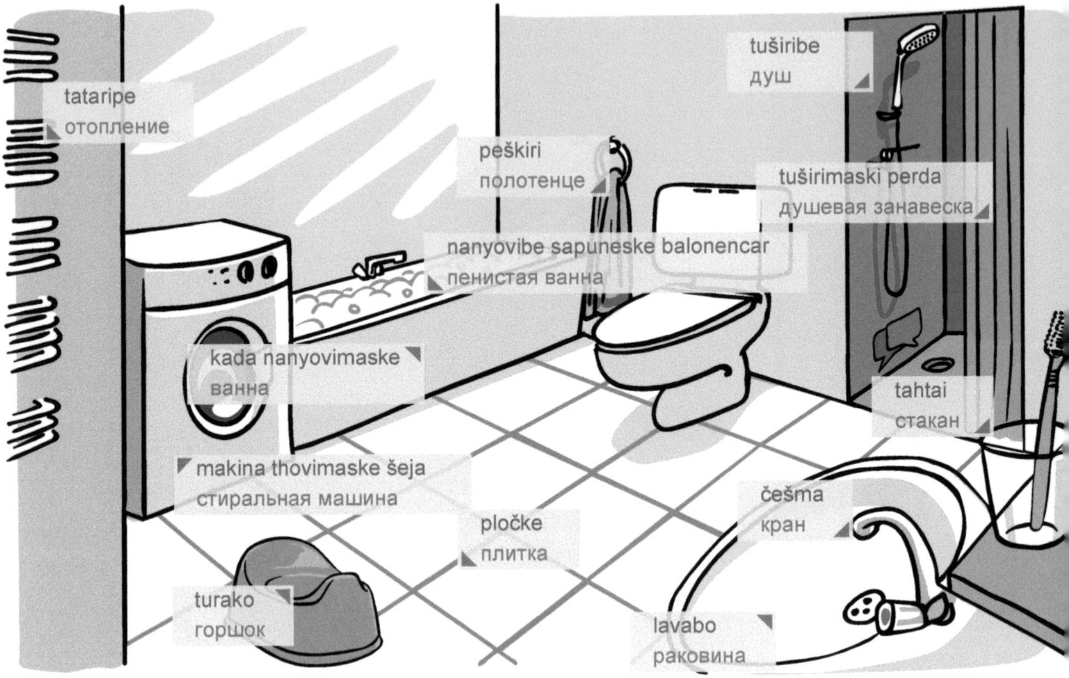

tuširibe
душ
tataripe
отопление
peškiri
полотенце
tuširimaski perda
душевая занавеска
nanyovibe sapuneske balonencar
пенистая ванна
kada nanyovimaske
ванна
tahtai
стакан
makina thovimaske šeja
стиральная машина
češma
кран
pločke
плитка
turako
горшок
lavabo
раковина

toaleti

туалет

toaleti bešimasa ko pundre

напольный унитаз

bide

биде

pisoari

писсуар

toaletesko lil

туалетная бумага

frča toaleteske

ершик

danda thovimaski frča

зубная щетка

danda thovimaski krema

зубная паста

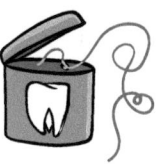

dandesko thav

зубная нить

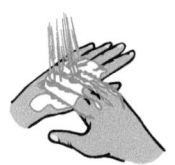

thovibe danda

мыть

vasteskoro tuši

ручной душ

tuši

интимный душ

lavabo

таз

dumeski frča

щетка для спины

sapuni

мыло

tuširimasko geli

гель для душа

šamponi

шампунь

flanela

мочалка

kada ćidimaske pani

сток

krema

крем

dezodoransi

дезодорант

ajna

зеркало

vasteski ajna

ручное зеркало

žileti moravimaske

бритва

moravimaski pena

пена для бритья

palal muravimaski krema

лосьон после бритья

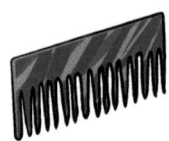

kanglik

расческа

frča

щетка

feni balenge

фен

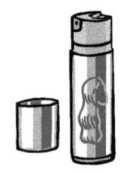

sprej balenge

лак для волос

šminka

косметика

karmini

губная помада

oja najenge

лак для ногтей

pamuko pošom

вата

kata najenge

маникюрные ножницы

parfemi

духи

gono thovimaske

косметичка

sandaliya

табуретка

tereziya

весы

bademantili

халат

gumena kalcunya

резиновые перчатки

tamponi

тампон

toaletno lil

гигиеническая прокладка

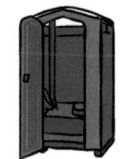

hemikano toaleti

биотуалет

čhavengi kamara
детская комната

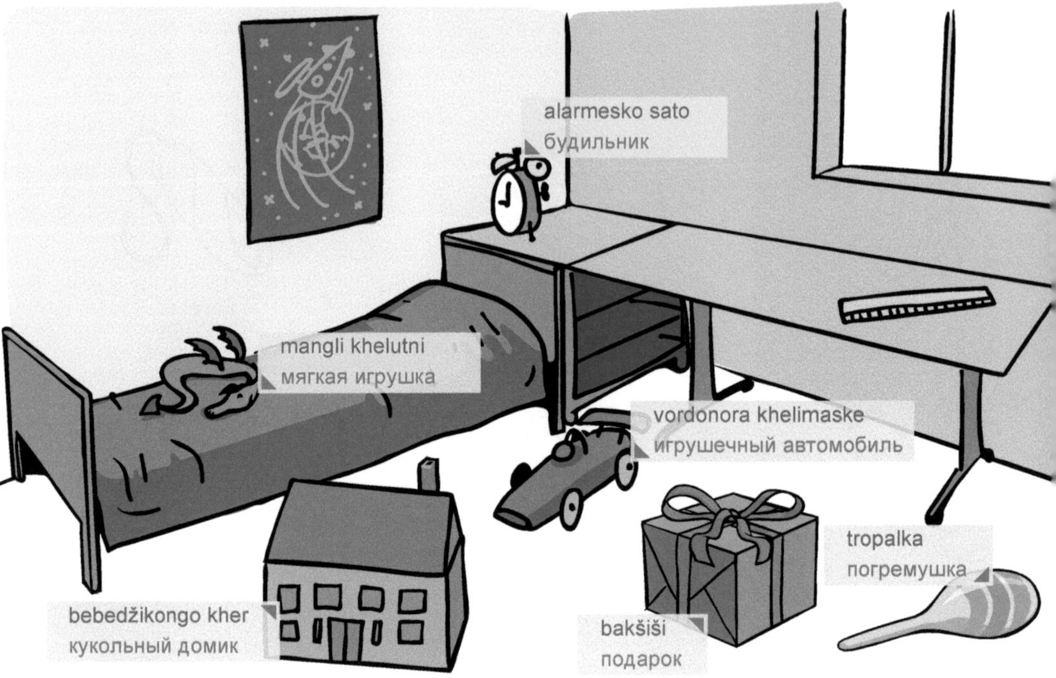

alarmesko sato
будильник
mangli khelutni
мягкая игрушка
vordonora khelimaske
игрушечный автомобиль
tropalka
погремушка
bebedžikongo kher
кукольный домик
bakšiši
подарок

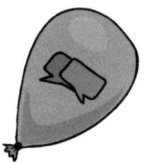

baloni

воздушный шар

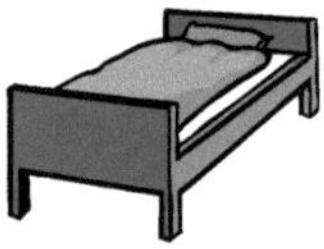

kreveto

кровать

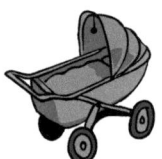

bebengo vordon

детская коляска

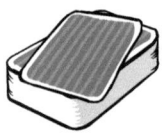

špili karte

карточная игра

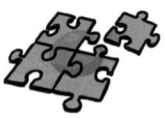

ker-rumin khelin

пазл

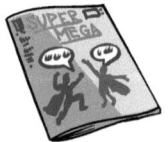

komikano lil

комикс

lego kocke

кирпичики Лего

kocke khelimaske

кубики

akciaki figura

игрушечная фигурка

bodi bebeske

ползунки

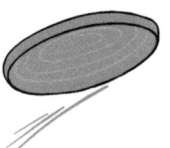

frizbi

фрисби

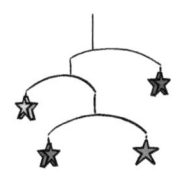

mobile

мобиле

masa khelimaske

настольная игра

zari

кубик

pampuri khelimaske

модель железной дороги

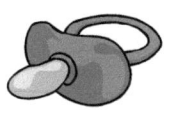

cucla

соска

bahlana

вечеринка

tasvirengo lil

книга с картинками

topka

мяч

bebedžiko

кукла

khelibe

играть

pošikako than

песочница

kuna

качели

khelimaske butya

игрушка

konzola video khelimaske

игровая приставка

triciklo

трёхколесный велосипед

poftaneski ričini

плюшевый медвежонок

garderoba

шкаф для одежды

šeja

одежда

kalcunya

носки

khuvde kalcunya

чулки

hulahopke

колготки

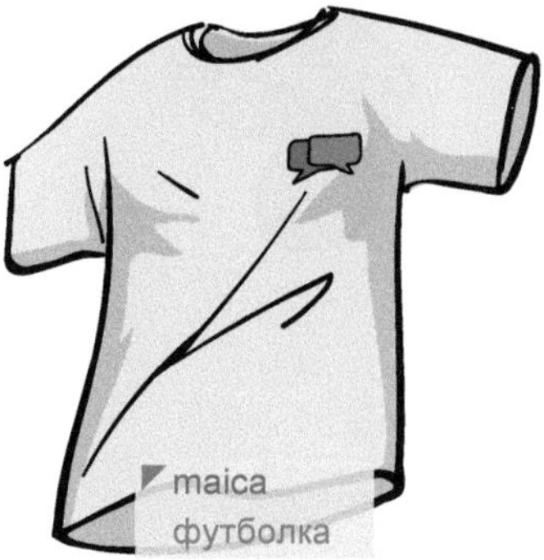

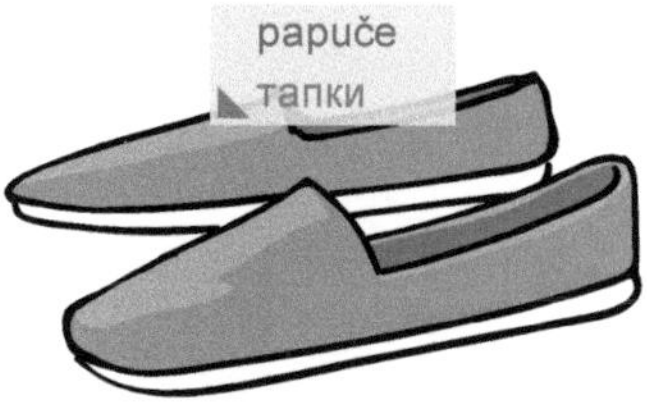

momija
шарф

kaiši
ремень

čadori
зонтик

maica
футболка

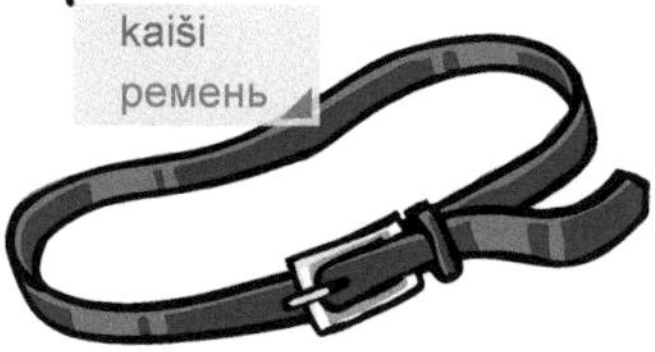

čizme
сапоги

papuče
тапки

trenerke
кроссовки

sandale

сандалии

menije

ботинки

gumena čizme

резиновые сапоги

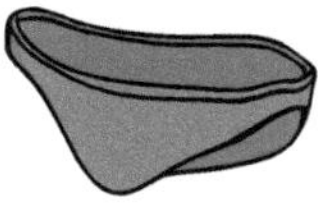

sostenya

трусы

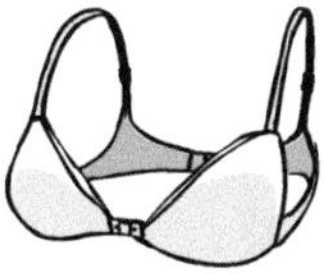

eleko

бюстгальтер

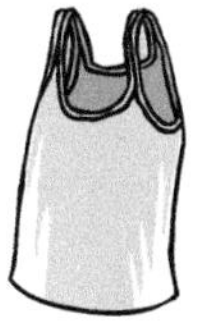

jeleko

майка

bodi

боди

pantalonya

брюки

farmerke

джинсы

suknya

юбка

bluza

блузка

gat

рубашка

puloveri

свитер

dukseri

свитер

harno kaputi

спортивная куртка

džeketi

жакет

kaputi

пальто

biršimdesko mantili

плащ

kostimi

костюм

fustano

платье

prandinako fustano

свадебное платье

kostumi

мужской костюм

rakjako fustano

ночная сорочка

pižame

пижама

sari

сари

momija šereske

платок

turbani

тюрбан

burka

паранджа

kaftani

кафтан

abaya

абайя

nangyovimaske šeja

купальник

buxle pantolonya

плавки

harne pantolonya

шорты

sporteske trenerke

спортивный костюм

kecelya

фартук

vasteske kalcunya

перчатки

kopča

пуговица

gjuzlukya

очки

belegziya

браслет

mirikle

цепочка

angrustik

кольцо

čeni

серьга

stadik

шапка

kaputeski čiviya

вешалка

stadik

шляпа

kravata

галстук

patenti

застежка молния

kaciga

шлем

dandenge proteze

подтяжки

školaki uniforma

школьная форма

uniforma

форма

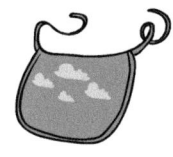

ligarka

детский нагрудник

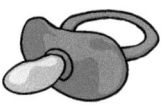

cucla

соска

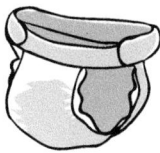

pherno

подгузник

ofiso

офис

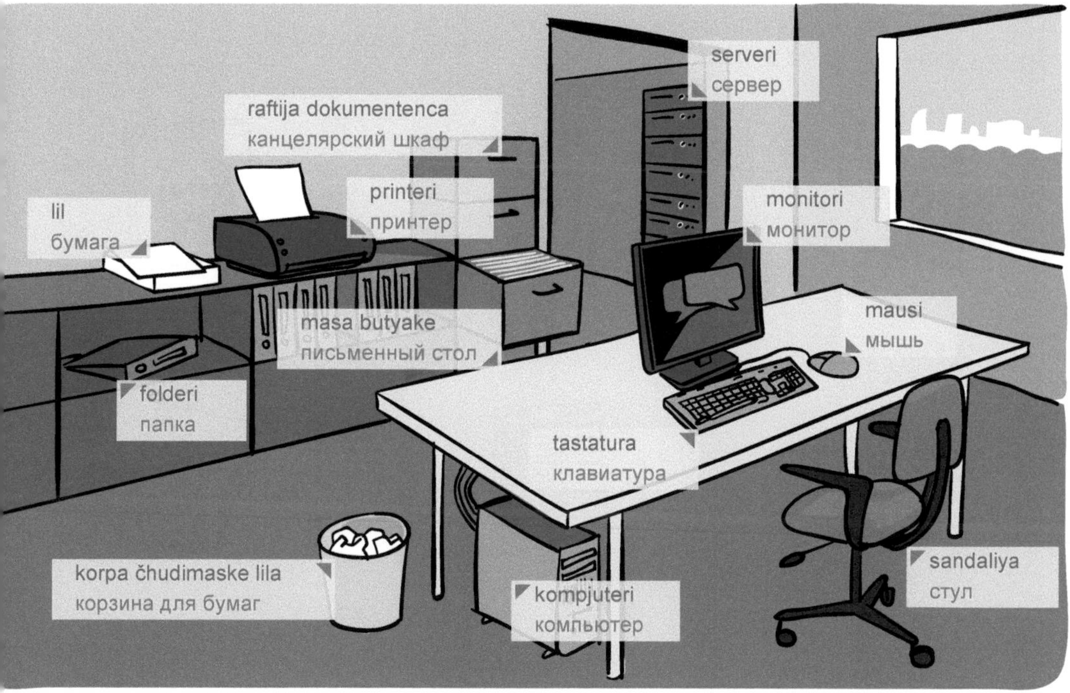

serveri
сервер
raftija dokumentenca
канцелярский шкаф
printeri
принтер
lil
бумага
monitori
монитор
mausi
мышь
masa butyake
письменный стол
folderi
папка
tastatura
клавиатура
korpa čhudimaske lila
корзина для бумаг
kompjuteri
компьютер
sandaliya
стул

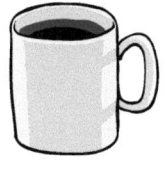

fildžano kafake

кофейная кружка

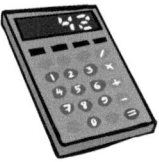

kalkulatori

калькулятор

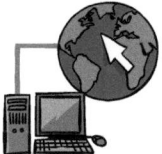

internet

интернет

laptop

ноутбук

lil

письмо

mesaži

сообщение

mobilno telefono

мобильный телефон

netvorko

сеть

kopirimaski makina

ксерокс

softveri

программа

telefono

телефон

štekeri

розетка

faks makina

факс

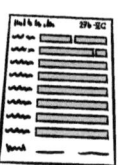

formulari

формуляр

dokumento

документ

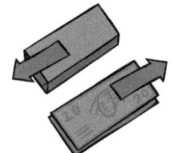

kinibe

покупать

pokinibe

платить

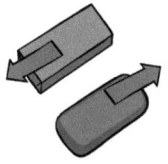

kino-bikinibe

торговать

love

деньги

dolari

доллар

euro

евро

jeni

иена

rublya

рубль

švajcariako franko

франк

renminbi juan

жэньминьби юань

rupija

рупия

lovengo automati

банкомат

biro baši devize

пункт обмена валюты

somnakaj

золото

rup

серебро

petroli

нефть

energia

энергия

fiyati

цена

kontrakto

договор

taksa

налог

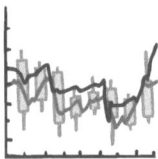

berzaki akcija

акция

butikeribe

работать

butyarno

служащий

butyako dendutno

работодатель

fabrika

фабрика

dukyano

магазин

Policiako oficero
милиционер

jagako aćhavutno
пожарный

habekerutno
повар

doktoro
врач

piloti
пилот

bavčako butyarno

садовник

tišleri

столяр

šnajderka

швея

krisuno

судья

hemičari

химик

akteri

актёр

autobusesko šoferi

водитель автобуса

taksisti

таксист

mačhengo astarutno

рыбак

užarutni

уборщица

učharinengo kerutno

кровельщик

kelneri

официант

avdžija

охотник

tasvirkerutno

художник

furnadžia

пекарь

elektrikako phirno

электрик

tamirutno

строитель

inžinjeri

инженер

kasapi

мясник

panjesko butyarno

сантехник

poštari

почтальон

askeri

солдат

arhitekto

архитектор

kasieri

кассир

luludyari

флорист

frizeri

парикмахер

kondukteri

кондуктор

mekanisti

механик

kapetani

капитан

dandengo saslyarno

зубной врач

vigjanalo manuš

ученый

rabini

раввин

imami

имам

rašaj

монах

rašaj

священник

alatia

инструменты

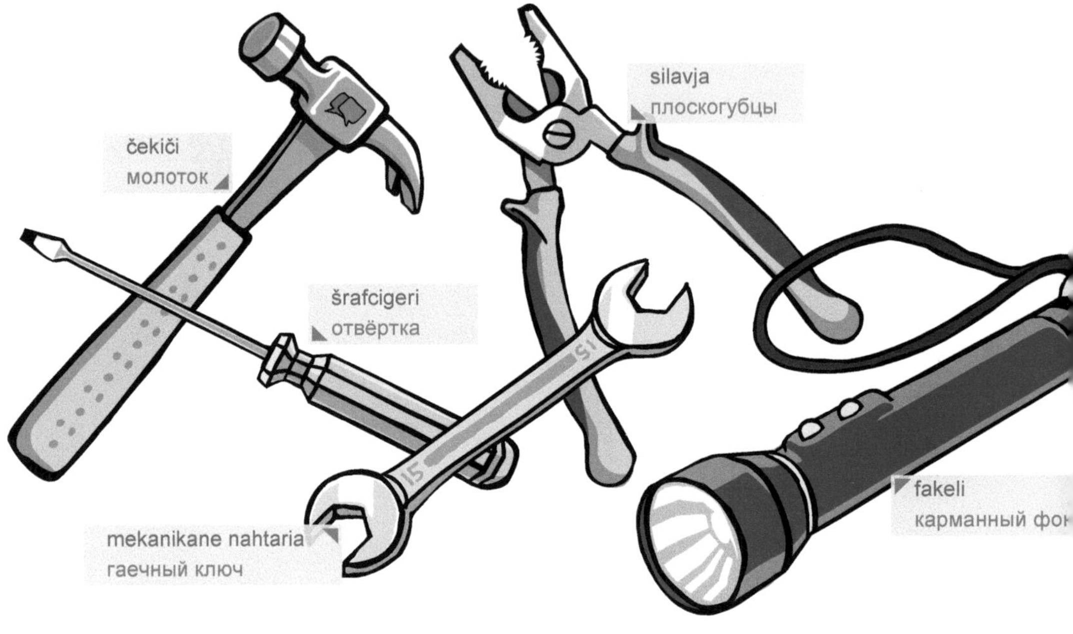

silavja
плоскогубцы
čekiči
молоток
šrafcigeri
отвёртка
fakeli
карманный фо
mekanikane nahtaria
гаечный ключ

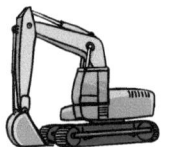

hrandimasko alati

экскаватор

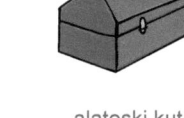

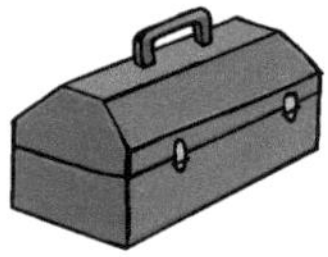

alateski kutia

ящик для инструментов

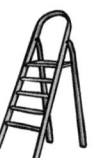

merdeveni

стремянка

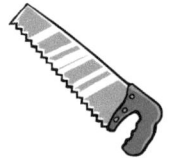

pila

пила

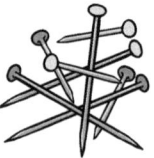

karfa

гвозди

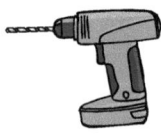

posavin

дрель

lačharkeribe

ремонтировать

lopata

лопата

Naleti!

Блин!

vatrali

совок

lonco bojimaske

ведро с краской

šrafja

винты

muzikane instrumentia
музыкальные инструменты

bare avazesko šunutno
громкоговоритель

davulenge butya
ударный инструмент

gitara
гитара

duplo bas
контрабас

truba
труба

piano

пианино

kemana

скрипка

bas

бас-гитара

timpani

литавры

davulia

барабан

sintisajzeri

синтезатор

saksafoni

саксофон

flejta

флейта

mikrofoni

микрофон

khuvin
вход

tigari
тигр

kafezi
клетка

zebra nakhimaski
зебра

hajvanengo parvaripe
корм

panda
панда

hajvania

животные

elefanti

слон

kenguri

кенгуру

rino

носорог

gorila

горилла

ričini

медведь

kamila

верблюд

ostriga

страус

aslani

лев

majmuni

обезьяна

flamingo

фламинго

papagali

попугай

polarno ričini

белый медведь

pingvini

пингвин

ajkula

акула

pauno

павлин

sap

змея

krokodilo

крокодил

zoo arakhutno

служитель зоопарка

foka

тюлень

jaguari

ягуар

zoo - зоопарк

poni

пони

leopardi

леопард

hipo

бегемот

žirafa

жираф

zorale kandžengi paškin

орёл

bali

кабан

mačho

рыба

želka

черепаха

morži

морж

lumri

лиса

gazela

газель

Amerikako fudbali
американский футбол

biciklizmo
езда на велосипеде

tenis
теннис

basketboli
баскетбол

nangjovibe
плавание

hokej ko paho
хоккей

boksi
бокс

fudbali
футбол

badmington
бадминтон

atletika
лёгкая атлетика

vasteskoboli
гандбол

skiibe
лыжный спорт

polo
поло

aktivitetia

действия

asaibe
смеяться
hutibe
прыгать
deibe angali
обнимать
phiribe
идти
giljavibe
петь
dikhibe suno
мечтать
azirikeribe
молиться
čumibe
целовать

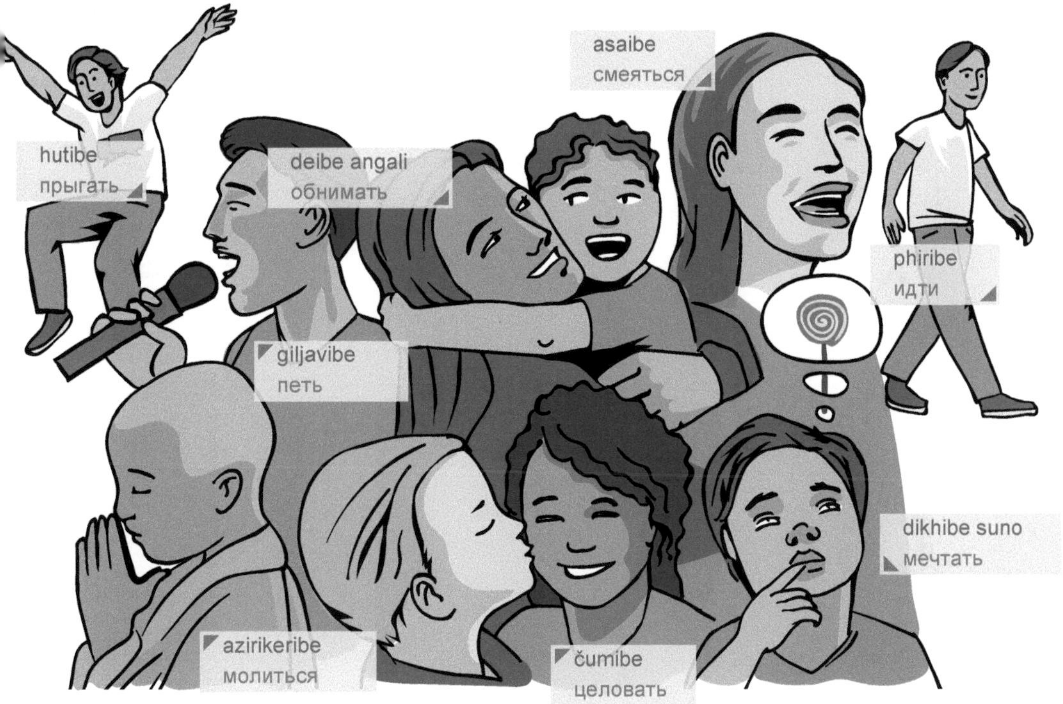

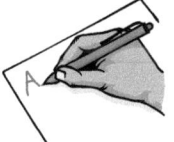

hramovibe

писать

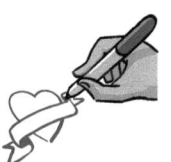

čitribe

рисовать

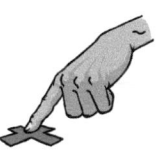

sikavibe

показывать

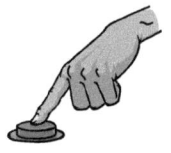

cidljaribe

нажимать

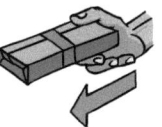

deibe

давать

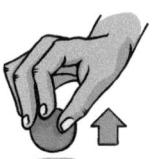

leibe

брать

isibe

иметь

keribe

делать

te ovel

быть

tergyovibe

стоять

prastaibe

бежать

cidibe

тянуть

čhudibe

бросать

peribe

падать

hovavibe

лежать

adžikeribe

ждать

phiravibe

носить

bešibe

сидеть

urjavibe

надевать

sovibe

спать

džangavibe

просыпаться

dikhibe ko

рассматривать

rovibe

плакать

čalavibe

гладить

uhlavibr

причесывать

vakeribe

говорить

haljovibe

понимать

puč

спрашивать

šunibe

слушать

piibe

пить

habe

кушать

užaribe

наводить порядок

kamibe

любить

keribe habe

готовить

paldibe vordon

ехать

urjalibe

летать

vaporea džaibe

ходить под парусом

kalkulirin

считать

drabaribe

читать

sikljovibe

учиться

butikeribe

работать

prandibe

вступать в брак

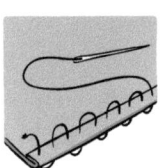

suvibe

шить

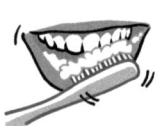

thovibe danda

чистить зубы

mudaribe

убивать

piibe dahani

курить

bičhalibe

отправлять

mami
бабушка

papu
дедушка

dat
папа

daj
мама

bebe
младенец

čhaj
дочь

čhavo
сын

misafiri

гость

bibi

тетя

kako

дядя

phral

брат

phen

сестра

trupo

тело

čekat
лоб
jakh
глаз
piko
плечо
naj
палец
muj
лицо
vilica
подбородок
vast
кисть
pundro
нога
čuči
грудь
musik
рука

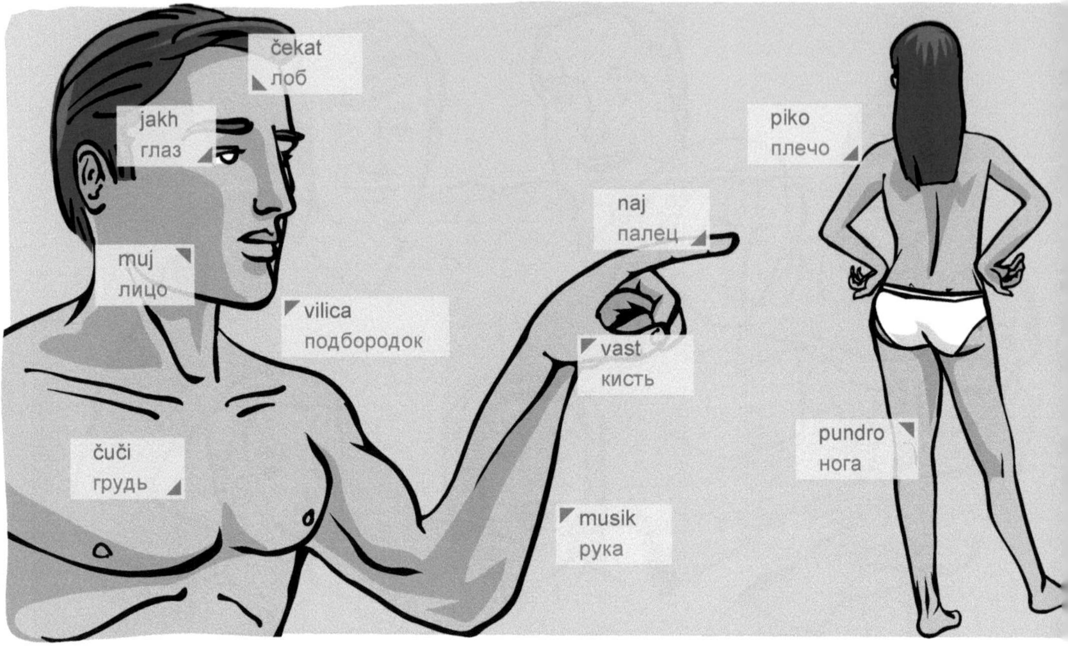

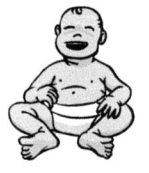

bebe

младенец

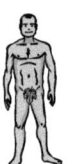

murš

мужчина

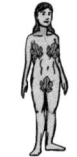

džuvli

женщина

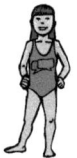

čhaj

девочка

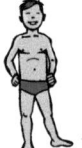

ćhavo

мальчик

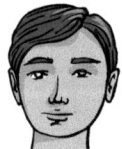

šero

голова

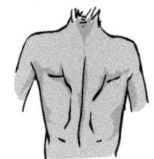

dumo

спина

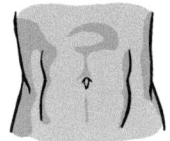

maškar

живот

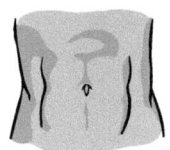

pupko

пупок

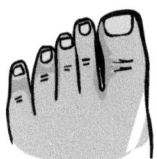

pundrenge naja

палец ноги

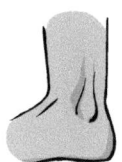

patum

пятка

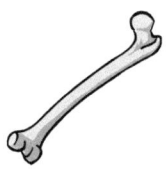

kokalo

кость

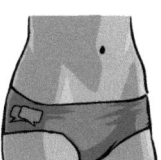

kuko

бедро

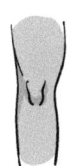

koč

колено

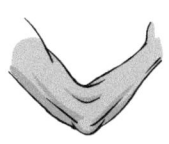

lahci

локоть

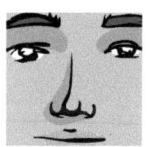

nakh

нос

bul

ягодицы

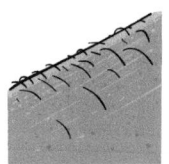

mortik

кожа

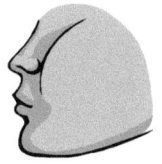

čham

щека

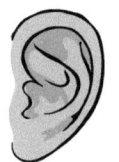

kan

ухо

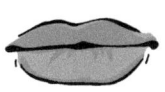

voš

губа

muj

рот

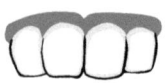

danda

зуб

ćhib

язык

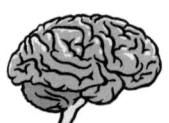

godi

мозг

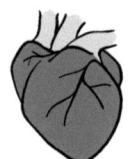

vilo

сердце

muskulo

мышца

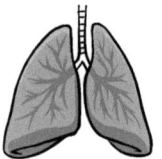

kolin

лёгкое

buko

печень

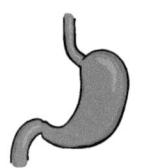

vogi

желудок

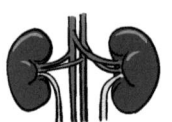

bubrekora

почки

seks

половой акт

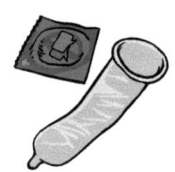

kondomi

презерватив

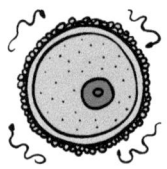

yarengi kletka

яйцеклетка

sperma

сперма

khamnipe

беременность

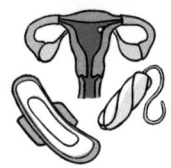

menstruaciya

менструация

vagina

вагина

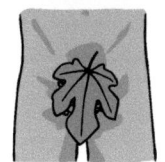

penis

пенис

phov

бровь

bala

волосы

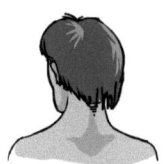

men

шея

hospitalo
больница

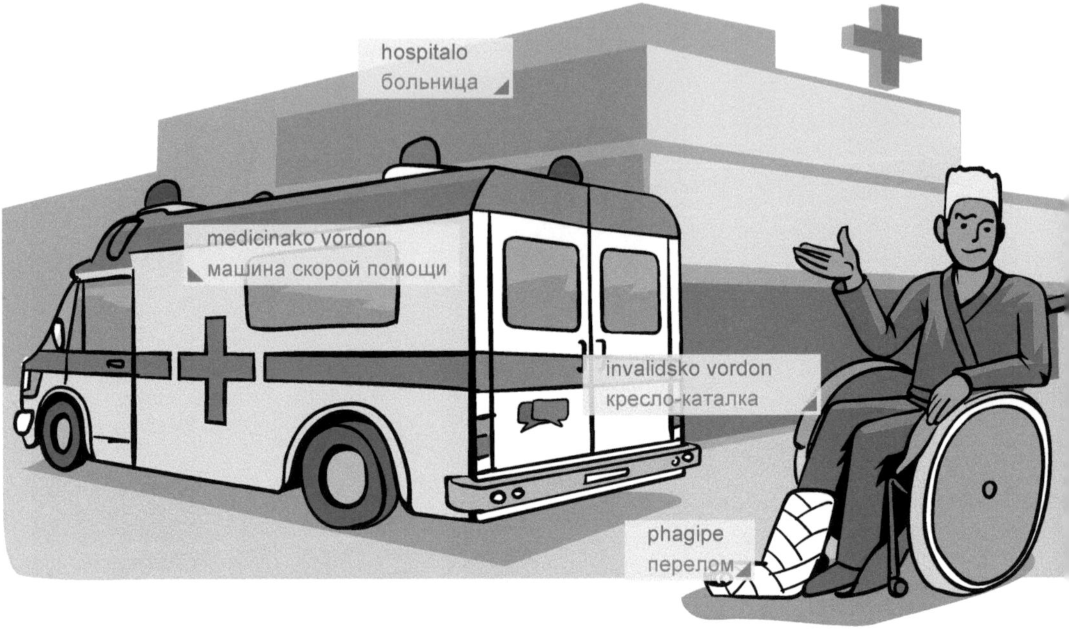

hospitalo
больница
medicinako vordon
машина скорой помощи
invalidsko vordon
кресло-каталка
phagipe
перелом

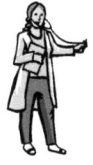

doktoro

врач

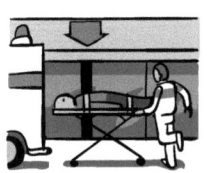

sigyarimaski kamara

пункт первой помощи

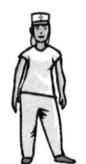

medicinaki phen

медсестра

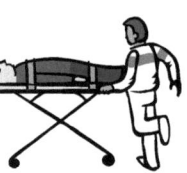

sigyaripen

неотложный случай

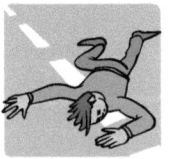

ki koma

без сознания

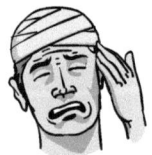

dukh

боль

dukhavipen

повреждение

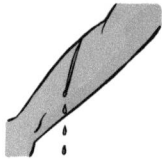

ratvaripe

кровотечение

infrakto

инфаркт

šlog

инсульт

alergiya

аллергия

khuinibe

кашель

tinanipe

повышенная температура

gripa

грипп

diyarea

понос

šereski dukh

головная боль

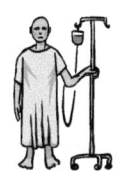

kanceri

рак

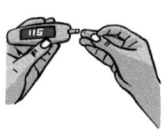

diyabetes

диабет

operaciya

хирург

skalperi

скальпель

operaciya

операция

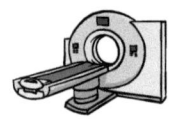

CT
КТ

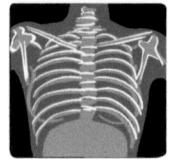

rentgen
рентген

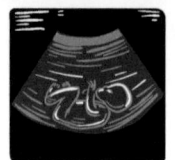

ultra avazo
ультразвук

mujeski maska
маска

nasvalipe
болезнь

adžukyarimasko than
приёмная

paterica
костыль

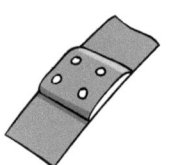

flastero
пластырь

phandimaski gaza
бинт

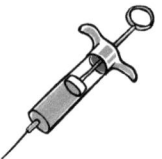

inyekciya
укол

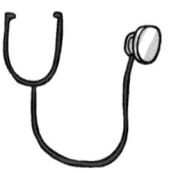

stetoskopo
стетоскоп

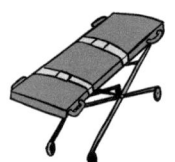

tregero
носилки

klinicko termometro
термометр

biyanipe
рождение

baro thulipe
избыточный вес

ašunimasko aparato

слуховой аппарат

dezinfekciako

дезинфекционное
средство

infekciya

инфекция

viruso

вирус

HIV / SIDA

ВИЧ / СПИД

medicina

лекарство

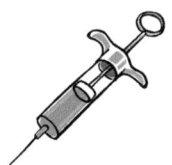

vakcinaciya

прививка

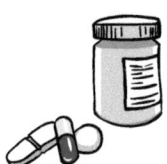

tabletura

таблетки

hapi

противозачаточная
таблетка

sigyarimasko akharipe

экстренный вызов

monitori vaš učo pretisak

прибор для измерения
кровяного давления

nasvalo / sasto

больной / здоровый

alarmo
....
сигнал тревоги

atako
....
нападение

Mažutisar!
....
Помогите!

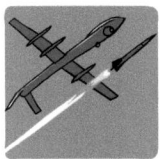

atako
....
атака

dar buti
....
опасность

sigyarimasko iklyovipen
....
запасной выход

Bari jag!
....
Пожар!

mamuj jagako aparati
....
огнетушитель

bibax
....
несчастный случай

butya avgo ažutimaske
....
аптечка

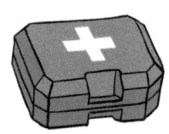

SOS
....
SOS

Policia
....
милиция

Evropa

Европа

Utarali Amerika

Северная Америка

Purabali Amerika

Южная Америка

Afrika

Африка

Azija

Азия

Australia

Австралия

Atlantiko

Атлантический океан

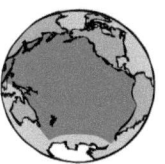

Pacifiko

Тихий океан

Indiako Okeano

Индийский океан

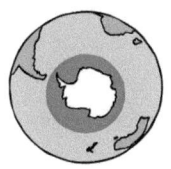

Antarktikosko Okeano

Антарктический океан

Arktikosko Okeano

Северный Ледовитый океан

Utaralo poli

Северный полюс

Purabalo poli

Южный полюс

Antarktiko

Антарктика

phuv

земля

phuv

суша

samudra

море

džaziri

остров

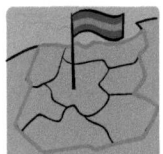

nacija

нация

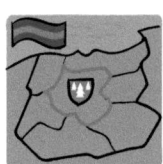

raštra

государство

saatosko gendo

циферблат

saatoski sikavni

часовая стрелка

dakikongi sikavni

минутная стрелка

ekundarno saatoski sikavin

секундная стрелка

Kozom si o saato?

Который час?

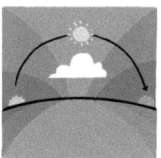

dive

день

vrama

время

akana

сейчас

digitalno saato

электронные часы

dakika

минута

časo

час

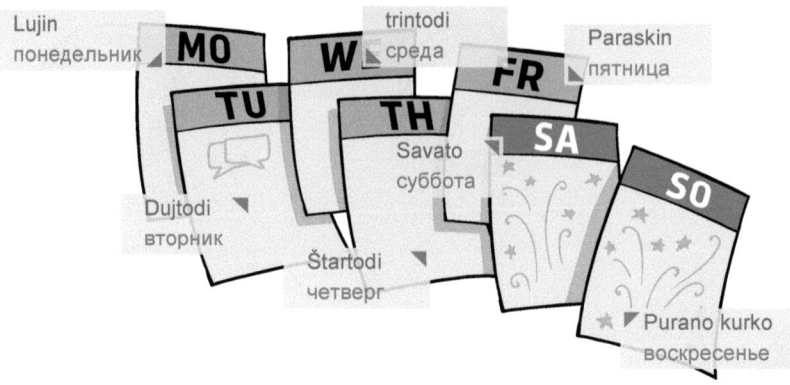

Lujin / понедельник
Dujtodi / вторник
trintodi / среда
Štartodi / четверг
Paraskin / пятница
Savato / суббота
Purano kurko / воскресенье

erati

вчера

avdive

сегодня

tajsa

завтра

javin

утро

ekvaš dive

полдень

blevel

вечер

butyarne divesa

рабочие дни

vikend

выходные

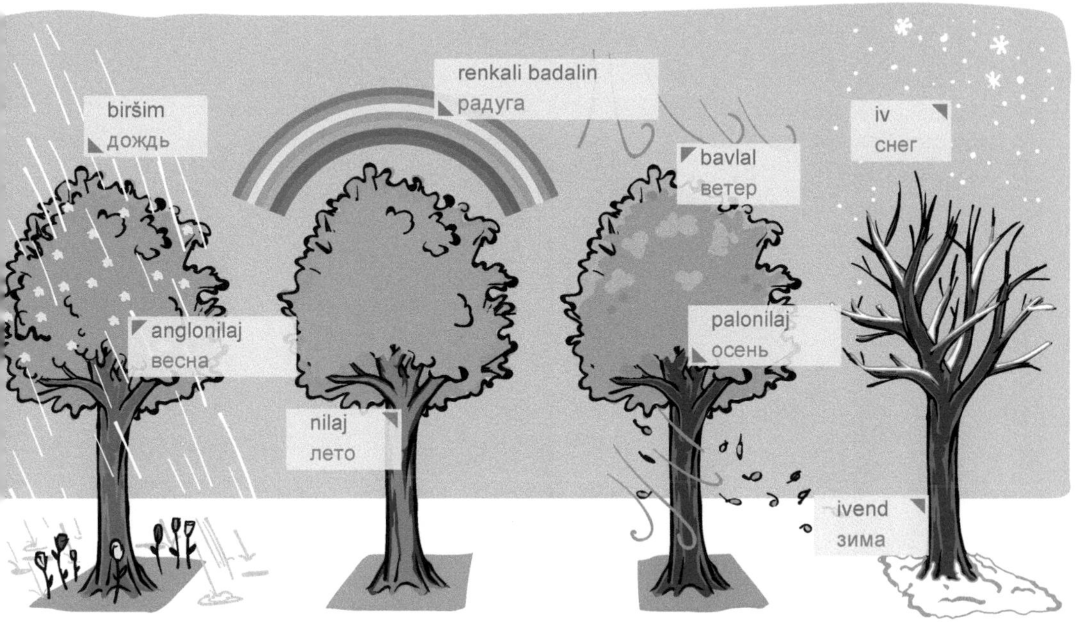

biršim
дождь

renkali badalin
радуга

iv
снег

bavlal
ветер

anglonilaj
весна

palonilaj
осень

nilaj
лето

ivend
зима

4.APRIL	11°	☀
5.APRIL	4°	⛅
6.APRIL	13°	⛅
7.APRIL	8°	❄
8.APRIL	10°	☀

vramakoro vakeribe

прогноз погоды

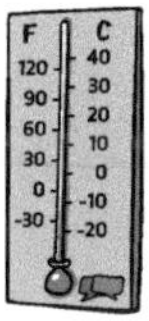

termometro

термометр

khamalo

солнечный свет

badal

туча

muhi

туман

nemlime hava

влажность воздуха

šemšekoja

молния

šemšekosko čalavibe

гром

bura

буря

kijameti

град

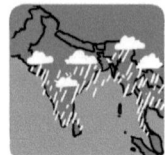

monsuni

муссон

baro pani

наводнение

paho

лёд

Januaro

январь

Februaro

февраль

Marto

март

Aprilo

апрель

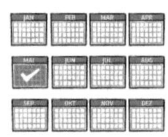

Majo

май

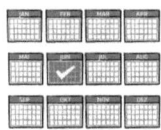

Juno

июнь

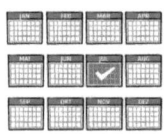

Julo

июль

Augusto

август

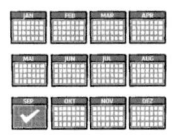

Septembro

сентябрь

Oktombro

октябрь

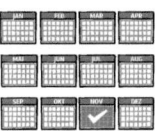

Novembro

ноябрь

Dekembro

декабрь

forme
формы

rota

круг

kvadrati

квадрат

rektanglo

прямоугольник

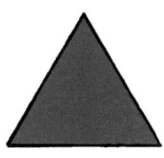

trianglo

треугольник

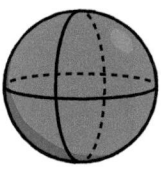

sfera

шар

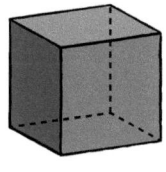

kocka

куб

parni

белый

galbeno

желтый

pomarandža

оранжевый

roze

розовый

loli

красный

lila

лиловый

vunato

синий

harjali

зелёный

kafeno

коричневый

kuršumlija

серый

kali

черный

but / hari

много / мало

holjame / mudro

яростный / мирный

šuži / bišuži

красивый / уродливый

starto / agor

начало / конец

baro / tikno

большой / маленький

puterde bojako / phanle bojako

светлый / темный

phral / phen

брат / сестра

užo / melalo

чистый / грязный

sahno / bisahno

полный / неполный

dive / rat

день / ночь

mulo / dživdo

мёртвый / живой

buvlo / tank

широкий / узкий

hala pe / na hala pe

съедобный / несъедобный

džungalo / šukar

злой / дружелюбный

bare vogjea / bi vogjea

взволнованный /
скучающий

thulo / kišlo

толстый / худой

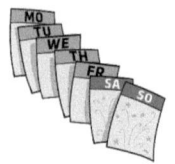

avgo / paluno

сначала / в конце

amal / dušmani

друг / враг

pherdo / čučo

полный / пустой

zoralo / kovlo

твёрдый / мягкий

pharo / lokho

тяжёлый / легкий

bokh / truš

голод / жажда

nasvalo / sasto

больной / здоровый

ilegalno / legalno

незаконный / законный

godyaver / bigodyako

умный / глупый

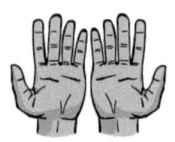

bajan / dahin

слева / справа

paše / dur

близко / далеко

nevo / purano

новый / подержанный

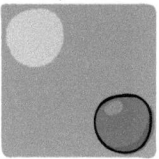

khanči / vareso

ничто / нечто

phuro / terno

старый / молодой

phabardo / ačhavdo

включено / выключено

puterdo / phanlo

открыто / закрыто

mudro / bare avazeskoro

тихо / громко

barvalo / čorolo

богатый / бедный

čačutno / došalo

правильный /
неправильный

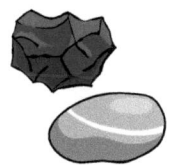

zoralo / kovlo

шероховатый / гладкий

mazuni / lošalo

печальный / счастливый

skurto / lungo

короткий / длинный

pohari / sigate

медленный / быстрый

sapano / šuko

мокрый / сухой

tato / šudro

тёплый / прохладный

mareba / sansari

война / мир

0	**1**	**2**
zero	jek	duj
ноль	один	два

3	**4**	**5**
trin	štar	panč
три	четыре	пять

6	**7**	**8**
šov	efta	ohto
шесть	семь	восемь

9	**10**	**11**
enja	deš	dešujek
девять	десять	одиннадцать

12

dešuduj

двенадцать

13

dešutrin

тринадцать

14

dešuštar

четырнадцать

15

dešupanč

пятнадцать

16

dešušov

шестнадцать

17

dešefta

семнадцать

18

dešohto

восемнадцать

19

dešenja

девятнадцать

20

biš

двадцать

100

šel

сто

1.000

milja

тысяча

1.000.000

milioni

миллион

Anglicko

английский

Americko Anglicko

американский английский

Kinesko Mandarinsko

мандаринский китайский

Indisko

хинди

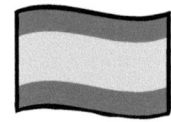

Špansko

испанский

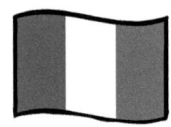

Francusko

французский

Arapsko

арабский

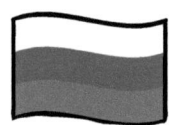

Rusko

русский

Portugalsko

португальский

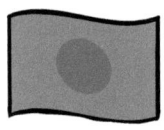

Bengalsko

бенгальский

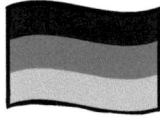

Nemicko

немецкий

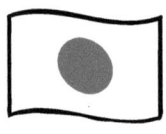

Japansko

японский

thaj

я

tu

ты

ov / oj

он / она / оно

amen

мы

tumen

вы

ola

они

ko?

кто?

so?

что?

sar?

как?

kote?

где?

kana?

когда?

anav

имя

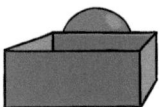

palal

за

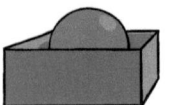

andre

в

anglal o

перед

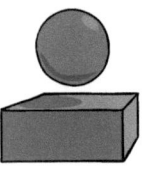

upral

над

an

на

telal

под

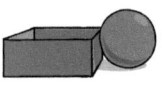

trujal

рядом

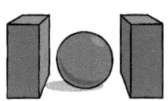

maškaral

между

than

место